NOTES

SUR LE PROJET DE LOI,

DU

SYSTÈME LÉGISLATIF DES COLONIES

FOURNIES

A la Commission de la Chambre,

CHARGÉE DE SON EXAMEN,

PAR

ALEXANDRE FOIGNET,

DÉLÉGUÉ DE LA GUADELOUPE.

PARIS.

IMPRIMERIE D'AUGUSTE AUFFRAY,

PASSAGE DU CAIRE, N° 54.

FÉVRIER 1832.

NOTES

SUR LE PROJET DE LOI,

DU

SYSTÈME LÉGISLATIF DES COLONIES

FOURNIES

à la Commission de la Chambre,

CHARGÉE DE SON EXAMEN,

PAR

ALEXANDRE FOIGNET,

DÉLÉGUÉ DE LA GUADELOUPE.

FÉVRIER 1832.

Notre premier devoir est de remercier la commission, de ce qu'elle a bien voulu nous admettre à lui présenter nos observations. Le désir qu'elle a manifesté de s'éclairer sur une question toute spéciale, est une garantie pour les colons, que leurs intérêts seront bien compris et leurs droits respectés.

Dans la discussion générale à laquelle la commission se livrera probablement, avant l'examen du projet de loi, il est une question préalable qui devra fixer son attention. Pour la développer, cette question, il est nécessaire d'entrer dans quelques détails.

On sait que la Charte de 1830, a décidé que les colonies, autrefois soumises au régime des ordonnances, seront à l'avenir régies par des lois; ont sait aussi que les Français sont égaux devant elles. La conséquence forcée de ces deux principes, est que les colons, comme tous les autres Français, ont le droit de concourir à la confection des lois qui doivent les régir, et au vote de l'impôt qu'ils doivent supporter.

Ce principe admis, et personne ne l'a contesté, restait

à fixer le mode d'exécution ; c'était l'objet de la loi présentée. Il sera facile de démontrer que, sous le prétexte d'une impossibilité prétendue, ou de difficultés, d'exécution on a remis en question le principe consacré par la Charte, et qu'il a été entièrement détruit.

Les colons ont dit au gouvernement: Nous avons le droit d'obtenir des représentans à la Chambre; nous pouvons y renoncer, en abandonner l'exercice au moyen d'une législature locale. Nous, nous croyons cette législature plus en harmonie avec les besoins et la spécialité des intérêts des colonies, sans que les intérêts généraux de la France en soient atteints, sans que la prépondérance de la Métropole puisse en être diminuée.

Cette législature sera basée sur la loi du 28 septembre, 1791.

Les Anglais qui profitent de nos fautes, comme de nos exemples quand ils sont bons à suivre, en ont fait une heureuse application : profitons aussi de leur expérience.

Accordez-nous cette institution.

Le Ministre de la Marine, en adoptant le travail de la commission de législation a répondu, ou si l'on veut le projet de loi et l'exposé des motifs, ont répondu: nous reconnaissons comme vous l'impossibilité de représentans à la Chambre. Et, d'abord, remarquons que jamais un pareil aveu n'est sorti de notre bouche : nous avons seulement signalé les difficultés d'une représentation à la Chambre, et non pas son *impossibilité absolue*. Quoi qu'il en soit, le projet décide que les colonies n'y seront pas représentées.

Il examine ensuite la législature locale ; il décide pareillement qu'elle est impossible.

Il finit par offrir ce qu'on appelle une institution mixte, c'est-à-dire un conseil colonial ; que l'on réduit à de simples attributions : les unes municipales, les autres départementales.

Mais on ne s'est pas aperçu qu'il fallait opter entre l'un des deux modes ; que, les refusant tous deux, les colons n'avaient de représentation *réelle* nulle part, et qu'ils étaient, par voie d'interprétation déshérités du droit que la Charte leur accorde ; droit qu'aucune loi ne saurait leur enlever.

La question préjudicielle, dont la commission aura à s'occuper, sera donc de savoir : si une législature locale, sur les bases de la constituante en 1791 (sauf bien entendu, les modifications que l'expérience et le temps ont rendu nécessaires), sera accordée aux colonies. Mais il faut une fois et franchement s'entendre sur les mots. Ce conseil colonial devra avoir des *attributions législatives pour ce qui concerne le régime intérieur, et le vote de l'impôt.*

Si, contre toute attente, la commission décide qu'il n'est pas possible de doter les colonies de cette institution, notre devoir est de lui annoncer que le projet devra presqu'en entier être changé dans ses bases, pour faire place, *plus tard*, à un autre beaucoup plus simple et plus court qui appellera des Députés à la Chambre ; en un mot, si la commission croit devoir s'occuper de l'examen du projet de loi article par article ; pour éviter tout malentendu pour ne rien préjuger, il conviendrait de n'y procéder que sous cette condition : qu'après la discussion achevée, l'ensemble arrêté, on examinera la question *restée intacte, restée entière* ; ou d'une législature locale, si le projet arrêté en accorde les attributions ; ou, s'il les refuse, *d'une représentation à la Chambre.*

Cette observation est fondée, ainsi que nous l'avons déjà énoncé, sur ce que la représentation est un droit acquis, qui dérive de la Charte de 1830, à l'abri de toute modification ; que le mode d'exécution *seul* est à établir ; que, si la spécialité d'une législature ne peut être accordée aux colonies, elles rentrent dans le droit commun ; elles réclameraient alors, *plus tard*, une représentation à la Chambre, dont le principe est hors du domaine du Ministère et de toute discussion.

Cette question ainsi réservée, rien n'empêche de discuter les diverses dispositions du projet de loi.

ARTICLE PREMIER.

Point d'observations.

ART. II.

Les règles à suivre pour les concessions d'affranchissement doivent appartenir à la législature locale:

En voici les motifs.

L'affranchissement est tout à la fois la renonciation à un droit acquis de la part de celui qui le consent, et la concession de droits nouveaux, au nom de tous, pour admettre dans la société coloniale un nouveau membre. Ce membre est, à la vérité, destiné plus tard et moyennant certaines conditions, à devenir citoyen Français; mais pour parvenir au premier degré d'affranchissement, l'intervention coloniale est juste et nécessaire.

En vain objecterait-on que l'affranchissement a pour effet de créer des citoyens français, et que ce droit ne saurait appartenir qu'aux chambres. Il y a évidemment ici deux choses distinctes, l'affranchissement civil et l'affranchissement politique. On conçoit que celui-ci doive être réservé à la Métropole, ainsi que l'établit l'art. 2; en cela les colons ont senti la nécessité d'abandonner le principe consacré par la loi du 28 septembre 1791, qui en faisait l'une des attributions de la législature locale. Mais les règles à suivre pour l'affranchissement civil, qui tend à faire cesser l'état d'esclavage, *tout spécial* aux colonies, appartiennent essentiellement au régime intérieur.

Pour le prouver, il suffirait d'observer qu'il n'y a point d'affranchissement sans abandon d'un droit, sans consentement de celui qui le possède; que ce consentement ne peut être *manifesté, obtenu,* que sur les lieux, ce qui investit forcément la législature locale d'un droit d'examen.

Si l'on demande pourquoi cet examen du consentement de celui qui veut affranchir? Nous répondrons que des mesures d'ordre et de sûreté intérieure peuvent le justifier.

C'est ainsi que la législature locale doit exiger que le maître qui affranchira justifie que l'affranchi possède un état, ou soit obligé de le soutenir, afin qu'il ne devienne jamais une charge pour la société : disposition sage des anciennes ordonnances dont les projets de loi, en France, ne se sont nullement occupés, fautes de connaissances spéciales ou bien parce qu'on a supposé qu'un noir affranchi se livrera toujours à un travail, à une industrie, ce qui, généralement, est loin d'être vrai.

De là peut-être la nécessité, du moins pour un certain temps, de restreindre le droit d'affranchir pour chaque maître à un nombre limité, ainsi que les Romains y furent obligés lorsque les affranchissemens dégénèrent en abus; car l'abus de ce droit ne nuirait pas seulement au possesseur, à sa famille, à ses créanciers, mais encore cet abus pourrait ébranler les bases de l'édifice colonial et nuire à ceux-là même dont on veut améliorer le sort.

Par des affranchissemens illimités, ne peut-il se faire qu'un habitant se dégage de l'obligation que les lois coloniales lui imposent, de nourrir, vêtir, loger, soigner ses cultivateurs malades ou infirmes? Ne peut-il arriver qu'un homme prodigue ou de mauvaise foi (et les lois ne sont pas faites pour l'homme honnête et bon) ne consomme la ruine de ses créanciers, des négocians qui auraient suivi sa foi, en enlevant les bras à la culture? Ne peut-il arriver que ces affranchissemens ne soient frauduleux entre les possesseurs et les affranchis?...

La loi, dira-ton, préviendra ces abus... Oui, si elle est faite par des hommes qui posséderont les connaissances spéciales pour imposer *les conditions, les garanties que chaque localité rend plus ou moins nécessaires*

Quelques personnes, expliquant leur pensée, ont manifesté la crainte que la législature locale ne rendît, par les conditions, les affranchissemens difficiles, impossibles même.

On leur a répondu par les faits et le nombre des affranchissemens volontaires qui, chaque année, augmente dans les colonies.

On a ajouté qu'il suffit, pour se tranquilliser, de jeter les yeux sur l'art. 2 du projet; qu'en se pénétrant bien de l'étendue des attributions laissées aux Chambres, on reste convaincu que l'influence du gouvernement sur les colonies sera toujours assez forte pour obtenir d'elles (en supposant qu'elles n'y fussent pas portées) toutes les améliorations compatibles avec leur sécurité et leur existence.

Art. III.

Cet article interpose entre la France et ses colonies un troisième pouvoir, celui des ordonnances royales.

Tout ce qui rentre dans le domaine du pouvoir exécutif, tout ce qui se rattache au mode de gouverner et d'administrer, complète le système. Il n'en saurait être de même des *dispositions législatives*, la nouvelle Charte ne permet plus de les attribuer *au pouvoir royal seul*. Les inconvéniens que l'on a signalés pour conférer aux conseils coloniaux les règles de l'affranchissement ne se rencontrent plus, quand il s'agit « des améliorations à » introduire dans la condition des personnes non libres, » qui seraient compatibles avec les droits acquis, le sys- » tème de pénalité », qui ne peuvent être désormais que l'objet d'une loi. La seule question à résoudre est de savoir à quelle autorité législative le droit de la faire sera attribué.

Donner de pareilles attributions aux Chambres, c'est méconnaître tous les faits, abandonner toutes les considérations qui ont nécessité pour les colonies un système législatif *exceptionnel* que la Charte a suffisamment proclamé par ces mots : *Lois particulières*.

Il ne reste plus rien à dire sur cette question. On a prouvé jusqu'à l'évidence que ce qui concerne l'état des personnes non libres constituait essentiellement le régime intérieur que les colonies doivent conserver.

Personne n'a nié le principe, mais plusieurs en ont appréhendé les conséquences. Pour bien s'entendre, il faut s'expliquer avec franchise.

On a dit : Si la pénalité des esclaves, si les améliorations à introduire dans leur condition sont laissées aux colonies, il y aura despotisme et opposition à toute amélioration désirable.

On pourrait, en principe, se borner à répondre : Veut-on ou ne veut-on pas d'une législature locale? Peut-être la question pourrait-elle aller plus loin : on pourrait demander à ceux qui n'écoutent que des inspirations philantropiques et généreuses sans en calculer toutes les conséquences : Veut-on ou ne veut-on pas de colonies?

Mais, s'il ne suffit pas, pour les colons, d'invoquer un principe, ils peuvent encore le justifier, ils peuvent prouver que les craintes de ceux qui en appréhendent l'application sont tout-à-fait chimériques.

On donne à l'institution des conseils généraux une importance de position et de pouvoirs qu'ils n'ont réellement pas, une omnipotence que les colons sont loin de réclamer. Où est la possibilité de l'arbitraire ou du despotisme, alors que l'initiative est laissée au gouvernement, alors qu'aucune décision ne devient exécutoire provisoirement que par l'approbation des gouverneurs, et définitive que par la sanction royale?

Où est sérieusement la possibilité d'une lutte entre ces conseils généraux et le gouvernement, alors que sur les lieux les gouverneurs sont nantis de pouvoirs extraordinaires; alors que les Chambres, en France, ont dans leurs attributions les lois civiles, les lois criminelles, c'est-à-dire tout ce qui peut protéger les propriétés, l'honneur, la vie des colons? lorsqu'elles ont encore les lois *sur le commerce, le régime des douanes,* c'est-à-dire tous les élémens de la prospérité ou de la ruine des colonies? De pareilles craintes ne peuvent certainement pas arrêter des législateurs.

Il est en outre une considération d'un ordre supérieur qui frappera leur esprit ; c'est que tout changement dans l'état des personnes non libres, imposé par la Métropole , sans le concours des colons, laisse subsister la question et les embarras *des droits acquis, reconnus sacrés,* tandis que toute mesure d'amélioration provoquée par le gouvernement, mais adoptée par les conseils généraux, prenant naissance sur les lieux, entraîne avec elle abandon du droit dont nous venons de parler, et dégage la France de toute responsabilité. Cette considération sera appréciée ; elle n'a pas besoin d'autres développemens.

Quant à la pénalité des esclaves, on s'est mépris sur les motifs qui ont porté les délégués à la réclamer pour la législature locale ; ils se sont déterminés par la nécessité d'adoucir les dispositions du Code pénal (promulgué assez inconsidérément dans les colonies) pour les délits des esclaves, attendu que les peines sont trop fortes, et sans aucun rapport avec leur position sociale et leur peu d'instruction.

C'est ainsi que le vol domestique et plusieurs autres délits, que ce code punit de peines correctionnelles et infamantes, ne doivent donner lieu, pour les personnes non libres, qu'à de simples peines de police.

Ces différences essentielles à introduire dans la législation coloniale ne peuvent être établies que sur les lieux, *avec les nuances de chaque localité.*

Au reste, les raisonnemens que nous avons faits sur les améliorations à introduire s'appliquent à la pénalité : le tout doit appartenir à la législature locale ; et nous ne cesserons d'observer que la sanction royale est une garantie qui répond à toutes les craintes comme à toutes les objections.

Art. IV.

Après l'assiette et la répartition de l'impôt, le budget colonial, se trouve cette restriction : « *Sous les réserves portées à l'art. 7.* »

On en demande la suppression par les motifs qui seront développés lors de l'examen de cet article, auquel nous renvoyons.

Une autre modification est réclamée, et peut dès à présent être examinée.

Dans la longue nomenclature des petites attributions données aux conseils coloniaux, on peut en reconnaître de départementales et de municipales : elles sont confondues dans une seule énumération. On pense qu'il y a lieu de les distinguer en deux classes.

Cette distinction, qui résulte d'ailleurs de la nature des choses, a pour objet une autre rectification à l'article 5 ; elle consiste à n'exiger la sanction définitive et royale que pour les arrêtés de la première classe, qui, par leur importance, semblent la réclamer, et à en dispenser, au contraire, ceux de la seconde classe, qui, par leur minime intérêt et l'urgence de leur exécution, peuvent et doivent n'exiger que l'approbation des gouverneurs en conseil.

Cette modification s'explique d'elle-même, et semble ne devoir éprouver aucune opposition.

Art. VI.

Point d'observations.

Art. VII.

Le vote de l'impôt est un droit attaché à la qualité de citoyen français, et les colons sont Français.

Ce droit est indépendant de l'objection (si elle était renouvelée) qui consiste à dire que les colonies ne sont pas parties intégrantes du royaume, qu'elles n'en sont qu'une dépendance. En effet, partout où des citoyens français seront autorisés par leur gouvernement à former une société, ils auront le droit de voter leur impôt.

Cela vient de ce que ce droit ne tient pas au sol, mais qu'il est inhérent à la personne.

La discussion de leur budget aux Chambres, ou par les conseils coloniaux, n'est en quelque sorte que le mode d'exécution, que l'application du principe.

Si la représentation aux Chambres présente des difficultés qui la fassent refuser, la législature locale, qui est le mode substitué, doit offrir les mêmes garanties.

Or il est évident que le système du projet, qui divise l'impôt en dépenses *générales ou obligatoires* et en dépenses locales et facultatives ; qui défend en même temps aux conseils coloniaux de rejeter les premières *ni en totalité ni en partie*, alors que le gouvernement seul crée tous les emplois et en fixe les émolumens ; un pareil système, imaginé pour les colons français, n'offre aucune garantie, et n'est en réalité que l'arbitraire le plus indéfini qu'on ait jamais inventé.

C'est tout à la fois donner et retenir, ou plutôt c'est tout refuser. Ce système peut se résumer ainsi : Vous voterez votre impôt, mais nous en fixerons la quotité. Vous discuterez vos dépenses, mais il ne vous sera pas permis de les réduire.

Mieux vaudrait refuser le vote de l'impôt à la législature locale, et le discuter aux Chambres, en présence de députés colons, ne dussent-ils y avoir que voix consultative !...

Ici encore c'est moins le principe que l'on conteste que l'application que l'on refuse comme impossible aux colonies.

Pourquoi cette application, est-elle impossible ? c'est ce qu'on n'explique pas.

On a bien prétendu que, si on accordait aux colons le

droit de voter leur impôt, ils pourraient le refuser. Est-il nécessaire de répondre à une pareille argumentation? On l'a dit avant nous : « singulier raisonnement que celui « qui consiste à refuser un droit, parce qu'on pourrait « en faire usage. »

On ajoute : si l'impôt peut être refusé, la marche de l'administration sera entravée. Est-ce bien après les événemens de juillet et en présence de la Charte de 1830 que l'on tient un pareil langage.

Ce prétendu danger n'est d'ailleurs ni présumable ni possible. Un gouvernement, selon les lois, est toujours certain de l'appui du plus grand nombre.

Dans les possessions d'outre-mer, il suffit de calculer les limites du territoire, le petit nombre d'administrés, la nature des propriétés, le besoin d'une protection, pour se convaincre que les colons sont encore plus intéressés que le ministère, à ce que la marche du gouvernement colonial ne soit jamais entravée.

Cette entrave n'est même pas possible : car, si le refus de l'impôt compromettait la marche de l'administration, la tranquillité publique, les gouverneurs useraient alors des pouvoirs extraordinaires dont ils sont armés. De plus, ils auraient toujours à leur disposition, la solde des troupes fournie par la France. Veut-on mieux encore assurer l'indépendance des gouverneurs? Eh bien ! que l'on décide par une exception, en leur faveur, que leur traitement fixé ne sera soumis à aucune diminution.

C'est pour ne rien laisser sans réponse que nous sommes entrés dans de pareilles explications.

On a dit à la Chambre de 1831 qu'elle devait être plus libérale que la constituante de 1791. Est-ce pour le prouver qu'on lui propose de proclamer en principe que les colons seront les seuls Français qui ne pourront voter ni répartir leur impôt?

On veut qu'un jour les colonies puissent se suffire à

elles-mêmes ; on semble vouloir aussi, pour l'avenir, un nouveau système de commerce.... Qu'on y réfléchisse bien : le moyen le plus efficace, pour y parvenir, c'est de les laisser s'administrer, réformer les abus, diminuer leurs dépenses : elles se prépareront ainsi et sans secousses à tous changemens.

Art. VIII.

Devient inutile au moyen de la rectification proposée à l'article 4.

Art. IX, X, XI, XII, XIII, XIV et XV.

Point d'observations.

Art. XVI.

Dans le serment prescrit, on a omis l'*obéissance à la Charte*.

Art. XVII.

Point d'observations.

Art. XVIII.

Ce n'est pas seulement au Ministère de la Marine que les délégués devront fournir des renseignemens, ni seulement auprès de lui que l'on devra suivre l'effet des délibérations des conseils coloniaux. Des mesures d'un intérêt général sur les finances, la justice, le commerce et les douanes, peuvent également être provoquées par d'autres ministres.

C'est donc auprès du gouvernement du Roi et auprès des commissions formées dans le sein des chambres, que les démarches des délégués doivent être autorisées et accréditées, surtout si leur voix ne peut se faire entendre, dans les délibérations publiques, comme les délégués le réclament.

Art. XIX.

Point d'observations.

Art. XX.

Au troisième paragraphe, simple changement de rédaction : *avoir été* domicilié pendant deux ans, au lieu *d'y être* domicilié, afin qu'une première résidence, suivie d'une absence plus ou moins longue en France ou ailleurs, ne nécessite pas une seconde résidence, lors d'un retour dans les colonies.

Art. XXI, XXII et XXIII.

Le système électoral aux colonies ne doit pas être envisagé sous ce seul point de vue. Dans quelle proportion les hommes de couleur libres seront-ils appelés à l'électorat et à l'éligibilité. Déjà on a promulgué aux colonies une ordonnance qui défend dans les réunions, dans les actes publics, sur les registres de l'état civil, etc., toute distinction de classes. Les droits civils et politiques que l'on veut accorder tendent à une fusion que l'on prêche sans cesse aux colons, et qu'ils reconnaissent nécessaire. Ce serait vouloir la rendre impossible cette fusion, et perpétuer des distinctions, que de rechercher par classes le nombre des électeurs et des éligibles, ou de procéder sous l'influence de cette pensée.

Il n'y aura plus, dans les colonies, qu'une seule classe d'hommes libres, qui seront, sans distinction de castes, appelés à l'exercice de ce droit, lorsqu'ils rempliront les conditions exigées.

D'ailleurs, un système électoral ne se crée pas pour des catégories; les conditions, pour en jouir, ne se calculent pas pour tels ou tels individus; les garanties générales, une fois reconnues nécessaires, la société les exige pour tous, sans s'occuper de ceux qui pourront ou non les fournir.

Ce qu'il y avait d'important, c'était la reconnaissance du droit *pour tous*.

C'est d'après ces principes que le conseil des délégués a procédé.

Il a écarté les patentes de cabaretiers, très-élevées aux colonies, parce que cette espèce de licence, quoique exercée par des blancs, ne présente pas à elle seule une garantie suffisante. Il en est de même aux États-Unis.

Il a établi les conditions sur une base assez large pour que, proportion gardée, le nombre des électeurs fût beaucoup plus considérable que celui du royaume. En effet, la proportion pour la France est d'un sur cent soixante-dix ; celle de la colonie, d'après les rectifications réclamées, serait encore d'un sur quarante : n'est-ce donc pas assez ?

Il a exigé les garanties de fortune ou d'industrie que la France exige pour elle-même.

C'est une épreuve nouvelle que l'on va faire subir aux colonies, ce qui commande de la prudence, de la réserve, sauf plus tard les améliorations que l'expérience démontrera possibles et utiles.

Le mode proposé par le projet de loi, qui mentionne la capitation des noirs, est repoussé.

Si ce mode ne satisfait pas, si l'on pensait qu'il cache le moyen exclusif de n'arriver aux élections que tout autant que l'on possédera des esclaves ; si enfin, ce cens électoral *répugne aux consciences*, parce qu'il semblerait nuire à des améliorations ; comme les colons n'ont pas cette arrière-pensée qu'on leur suppose, ils en proposent un autre.

Comme on admet la possibilité d'une agriculture, et par des bras libres ; quand ils auront le goût et sentiront le besoin du travail, et par augmentation d'emploi de charrues ou autres moyens, si l'on *continue à accorder aux produits coloniaux la protection qui leur est due :* comme, dans tous les cas, on désire encourager ce genre d'exploitation, on propose d'admettre pour électeurs tous ceux qui justifieront d'une propriété *de vingt carrés de terre en culture*, et pour être éligibles, *trente carrés de terre aussi en culture.*

Peu importera, dès lors, que cette culture se fasse de telle ou telle manière; les bras libres et toutes les industries pourront y concourir et arriver aux élections.

Ce mode est d'une exécution facile, puisque chaque habitant est obligé de porter sur son dénombrement le nombre de carrés de terre en plantation de tous genres; et que d'ailleurs une simple expertise peut suppléer aux omissions.

Si ce mode ne convenait pas, on pourrait prendre pour base un revenu annuel, en ayant égard à la différence qui existe entre l'argent, le taux de l'intérêt et les revenus aux colonies, et ceux des propriétés en France.

Veut-on, enfin, s'assurer un nombre déterminé d'électeurs? Eh bien! qu'on le fixe en y appelant, en cas d'insuffisance, les plus imposés; car, les délégués n'ont en vue aucune catégorie, ils ne désirent qu'une règle uniforme, générale, et des garanties pour tous.

Nous ne pouvons terminer ce court examen sans reproduire notre observation préliminaire.

Si une législature locale ne peut être accordée aux colonies, si on leur refuse *leur régime intérieur et le vote réel de leur impôt*, elles réclameront une représentation à la Chambre.

Cette représentation offre sans doute des inconvéniens, des difficultés; mais il suffit qu'elle ne soit pas impossible pour qu'elle doive être admise.

Ces inconvéniens, ces difficultés, les colons seuls pourront s'en plaindre, leur représentation sera quelquefois tardive, incomplète, suspendue même : eux seuls en souffriront.

Si donc la commission de la Chambre admet que le projet présenté ne soit pas susceptible de modifications dans ses bases, c'est-à-dire si les attributions des conseils coloniaux sont restreintes à celles d'un simple conseil départemental et municipal; il y aura lieu, *plus tard*, à provoquer une disposition par laquelle des députés colons seront admis à la Chambre; quelques personnes pensent même que cette disposition ne nécessiterait qu'un simple amandement à l'article 8 du projet par lequel on fixerait les conditions d'éligibilité, ainsi que le mode d'élection.

Dans cette hypothèse, ce n'est plus un simple vœu émis par les délégués des colonies; c'est une *réserve formelle*, qu'ils supplient la commission de soumettre à la Chambre.

Le mandat, dont ils sont nantis, doit inspirer quelque confiance, et la responsabilité qu'il entraîne mérite quelques égards.

C'est encore cette responsabilité, jointe à la connaissance qu'ils ont de l'état moral et politique des colonies qui les font insister, pour que la commission daigne réclamer de la Chambre un *numéro d'urgence et de faveur*, pour la discussion de la loi.

On semble craindre que cet état moral et politique soit un obstacle à la promulgation de la loi, et surtout à ce que des attributions législatives soient accordées aux conseils coloniaux; nous pouvons attester (et nous le répétons de nouveau, notre mandat et notre responsabilité peuvent inspirer quelque confiance) nous pouvons attester que le danger est dans une loi de méfiance qui dénierait aux colons les institutions que la Charte a promises. Le danger est dans l'absence de toute loi organique.

A. FOIGNET.

PARIS. — IMPRIMERIE DE AUGUSTE AUFFRAY, PASSAGE DU CAIRE, N° 54.